루카스와 함께하는

색소폰 교실

책을 넘기기 전에

LuKas sax. 루카스색소폰

@LuKasInsungLee · 구독자 7.82천명 · 동영상 437개
Romantic Saxophonist LuKas Insung Lee. ...더보기

구독

홈　　동영상　　Shorts　　라이브　　재생목록　　커뮤니티　　🔍

Blow 블로우 (LuKas 6th single album) - 루...

조회수 1,935회 · 2년 전

저의 6번째 싱글 앨범입니다. 감성 터지는 곡^^
겨울의 끝자락 이랑 너무 잘 어울리는 곡이라 생각들어 2월말에
발매 했고, 뮤직비디오는 작업이 조금 늦어져 이제 공개 합니다.
앨범에 도움주신 많은 분들 진심으로 감사드립니다. 뮤직비디오
촬영과 편집에는 랍비형님이 수고해주셨습니다.

composed by 루카스 (LuKas)...
자세히 알아보기

K-POP ▶ 모두 재생

도깨비 ost 첫눈처럼 너에게 | BTS(방탄소년단) - Spring Day | 아이콘(IKON) - 사랑을 했다 | 시절인연 (원곡 : 이찬원) 색소 | 폼킴 - 모든 날,모든 순간 커버 | Way Back Home 커버 cover
가겠다 - 루카스 (버든색소폰... | (봄 날) Saxophone Cover by... | (LOVE SCENARIO) cover by... | 폰연주 - 루카스색소폰.LuKa... | cover by sax LuKas insung... | by Saxophonist LuKas Insu...
BURDEN SAXOPHONE | LuKas sax. 루카스색소폰 | LuKas sax. 루카스색소폰 | LuKas sax. 루카스색소폰 | LuKas sax. 루카스색소폰 | LuKas sax. 루카스색소폰
조회수 7.7만회 · 7년 전 | 조회수 3.7만회 · 7년 전 | 조회수 2.4만회 · 6년 전 | 조회수 2.1만회 · 2년 전 | 조회수 1.1만회 · 5년 전 | 조회수 1만회 · 5년 전

TALK

카카오톡　　　페이스북　　　인스타그램

<루카스 뮤직 아카데미>

색소폰을 공부하시다가 막히는 부분이 있거나 답답하신 분들은 직접 오셔서 레슨받으며 도움을 얻어보세요.
실력이 가장 빨리 향상될 수 있는 길입니다.

위치 | 경기도 용인시 수지구 동천로437번길 8, 1층 루카스 뮤직 아카데미
TEL | 010-6826-0920

| 머리말 |

〈루카스와 함께하는 색소폰 교실〉은 색소폰을 처음 시작하시는 분들, 시작은 했으나
실력 향상이 더딘 분들, 기본기가 부족한 분들 등 아마추어 색소폰 연주자들을 위
한 교재입니다.

저자는 실용음악 예술고등학교에서 13년 동안 근무하였고, 여러 대학에서 색소폰
관련 강의를 해왔습니다. 아마추어부터 전공자에 이르기까지 다양한 분들을 만나고
가르쳤습니다. 그렇게 여러 해를 보내며 보고 듣고, 느끼고 배운 것들을 이 교본에
담아냈습니다. 제가 공부했던 방법과 학생들을 가르치며 얻은 방법들을 쉽고 간결하
게 정리하여 이 교본을 만들었습니다. 모쪼록 이 책을 접하는 모든 분들이 이 책을
통하여 훌륭한 연주자로 거듭날 수 있기를 소망합니다.

저자 이인성

Contents

연주곡

색소폰이란?

제1장

색소폰은 크게 4가지 종류로 나눕니다. 소프라노, 알토, 테너, 바리톤 색소폰이 있으며, 소프라노와 테너는 B♭조 악기이고, 알토와 바리톤은 E♭조 악기입니다. 관의 길이에 따라 음역대가 결정되는데 관이 짧을수록 고음역대, 관이 길어질수록 저음역대에 속합니다. 소프라노 색소폰이 관의 길이가 가장 짧기 때문에 가장 고음역대의 소리를 내고, 바리톤 색소폰의 관이 가장 길기 때문에 가장 저음역대의 소리를 냅니다.

1. 관악기란

입으로 불어서 연주하는 모든 악기를 칭합니다. 소리 내는 방식에 따라 목관악기와 금관악기로 나눕니다.

• 목관악기(木管樂器, woodwind instrument)

대개 리드를 사용하거나 공기를 악기 내부로 직접 불어넣어 소리를 내는 악기로, 분류는 재질과 관계없습니다. 플루트와 피콜로는 현대에는 대부분 금속제이지만 초기에는 나무로 제작되기도 했고, 발음의 메커니즘이 목관악기군과 같기 때문에 목관악기군으로 분류하며 색소폰 역시 완전 금속제로 만들어지지만 리드를 사용하고, 배음 체계를 구성하는 것이 아닌 계이름마다 정확한 운지법이 있기 때문에 구조상 목관악기로 분류됩니다.

• 금관악기(金管樂器, brass instrument)

복식 호흡과 마우스피스를 통해 배음 체계를 구현하는 메커니즘이 있는 악기 중 금속으로 만든 악기를 지칭합니다.

2. 색소폰의 종류와 각 구조 및 명칭

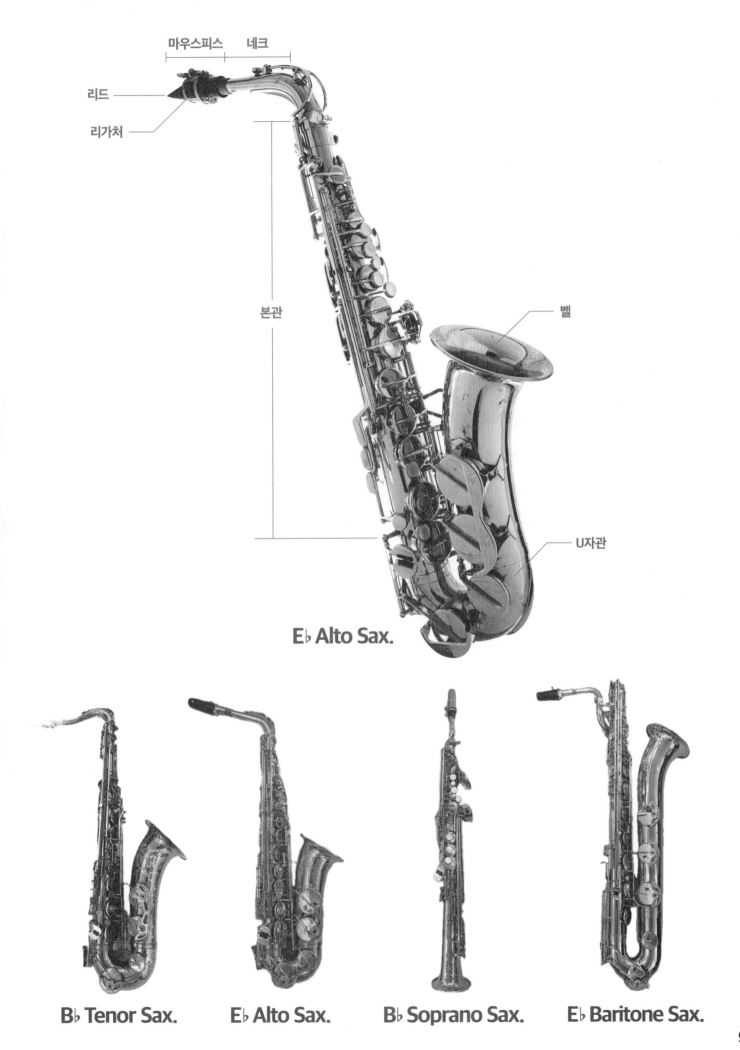

마우스피스   네크

리드

리가처

본관

벨

U자관

E♭ Alto Sax.

B♭ Tenor Sax.   E♭ Alto Sax.   B♭ Soprano Sax.   E♭ Baritone Sax.

색소폰 소리 내기

제2장

1. 앙부쉬어(Embouchure)

색소폰 마우스피스를 무는 입모양을 칭하는 말입니다. 보통 영어 M(엠) 발음으로 피스를 무는 것이 일반적이긴 하나 사람마다 입술의 두께, 입모양이 다르기 때문에 약간의 차이는 있습니다. 앙부쉬어가 좋지 않으면 좋은 톤이 나지 않고, 추후 플래절렛(가포지션)의 소리가 절대 나지 않으니 좋은 앙부쉬어를 만드는 것은 매우 중요합니다.

피스를 물 때 위의 치아는 피스의 1/3 정도에 바로 닿고, 아래 치아는 아랫입술을 살짝 말아서 물어줍니다. 이것은 아랫입술의 도톰한 부분이 쿠션 같은 역할을 하여 리드가 충분히 떨릴 수 있도록 도와줍니다. 그러나 최근에는 아랫입술을 말지 않고 그냥 무는 연주자들이 많이 늘어나는 추세라 본인에게 맞는 방법으로 하면 됩니다. 단 다음 2가지는 반드시 확인하기 바랍니다.

•첫째, 피스를 물었을 때 양옆으로 바람이 세는지 안 세는지 체크해 보세요.

전문 연주자의 경우 일부러 바람을 약간씩 빼면서 불기도 하지만 초보자의 경우, 숨을 100만큼 쉬면 악기로 100만큼 다 들어올 수 있도록 연주합니다. 왜냐하면 호흡은 항상 절대 남지 않고 부족하기 때문입니다. 추후 서브톤을 하거나 바람 소리를 일부러 내는 경우가 있지만 이 부분은 나중에 다루도록 하겠습니다.

•둘째, 피스를 물었을 때 입술이 움직이지 않도록 합니다.

악기 연주 시 입술이 움직이면 음정이 변합니다. 특히 아랫입술이 움직이면 음정이 걷잡을 수 없이 변하기 때문에 아랫입술을 고정시키는 연습이 매우 중요합니다. 색소폰이라는 악기는 다른 악기들보다 음정이 원래 불안한 악기입니다. 기타나 피아노 같이 조율을 했을 때 음정이 딱 맞으면 얼마나 좋을까요? 색소폰은 입술의 움직임에 따라 음정이 너무나 쉽게 변하기 때문에 연주 시 항상 음정에 주의를 기울여야 하고, 음정을 맞추는 기본은 아랫입술이 고정되는 것에서부터 시작됩니다.

2. 좋은 톤을 만드는 3요소

•좋은 앙부쉬어, 복식호흡, 뜨거운 바람

이 세 가지는 강조하고 또 강조해도 지나치지 않습니다. 관악기의 생명은 톤입니다. 아무리 좋은 악기라 해도 부는 사람이 제대로 불지 못하면 좋은 소리가 나지 않습니다. 아무리 좋은 차가 있어도 운전자가 운전을 잘하지 못하면 아무 의미가 없는 것과 같습니다. 그렇기에 아래의 3요소를 잘 기억하시어 좋은 톤을 만들어보세요.

① 좋은 앙부쉬어

– 마우스 피스를 무는 모양이 좋아야 합니다. 앞에서 자세하게 설명하였습니다.

② 복식호흡

– 참 말도 많고 탈도 많은 복식호흡입니다. 여러 가지 방법이 있고, 여러가지 설명이 있습

니다. 복식호흡에 관해 자세하게 이야기하기 시작하면 밤을 새워도 모자를 정도입니다. 그렇기 때문에 쉽고 간단하게 설명하자면, 숨을 쉴 때 어깨가 올라가지 않고 배가 나오게 쉬는 것입니다. 숨을 쉴 때 어깨가 심하게 올라가면 흉식 호흡, 배가 앞으로 나오면 복식 호흡. 이렇게 생각하면 간단합니다. 내 배를 풍선이라 생각하고 공기가 들어오면 풍선이 커지고, 공기가 빠져나가면 풍선이 작아지게 숨을 쉬는 것입니다. 내 배를 잡고 숨을 들이 마시면서 배가 나오게 연습해 보세요.

③ 뜨거운 바람

세 가지 중 좋은 톤을 만들기 위해 가장 중요한 작업입니다. 보통 악기를 불 때 그냥 바람을 불면 되겠지? 라고 생각합니다. 틀린 말은 아닙니다. 소리가 나긴 하지만 좋은 톤을 위해서는 그냥 바람이 아닌 뜨거운 바람을 불어넣어야 합니다. 쉽게 설명하자면 한겨울에 손이 시려워 손에 바람을 불 때를 생각해 보세요. 하~ 하고 따뜻한 바람을 손에 붑니다. 바로 딱 그 느낌입니다. 그렇게 뜨거운 바람을 불면 자연적으로 목구멍이 많이 열리게 됩니다. 바로 그 상태로 악기를 부는 것입니다. 마치 하품할 때 목구멍이 뻥 열리는 것처럼 말입니다. 그런 상태로 악기에 뜨거운 바람을 불어넣어 주면 좋은 색소폰 소리를 낼 수 있습니다.

좋은 톤을 만드는 3요소에 관한 동영상 강의입니다.
꼭 시청하시길 추천드립니다.

실전 연습

제3장

· 교재 3-1 - 솔라시도 연습

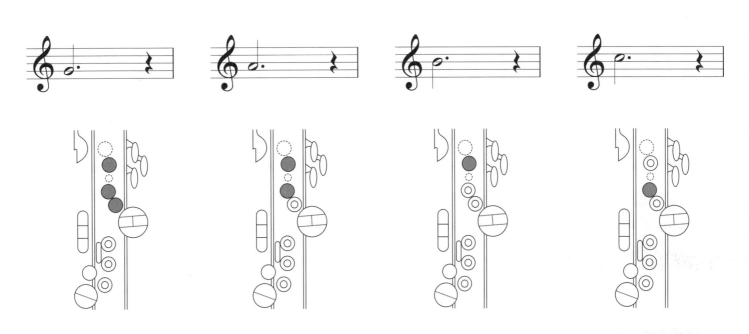

• 교재 3-12 - 도레미파 연습

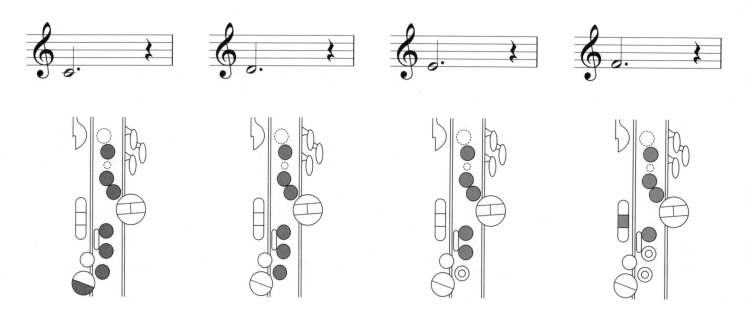

오빠 생각

박태준 작곡

나 같은 죄인 살리신
Amazing Grace

John Newton 작곡

텅잉(Tonguing)

제4장

관악기에만 있는 아주 매력적인 연주 방법입니다. 혀를 리드에 붙였다 떼었다 하면서 색소폰으로 들어가는 바람을 조절하는 행위를 말합니다. 쉽게 말해서 마우스피스를 물고 '투'와 '두'의 중간 정도의 발음을 해보세요. 혀가 자연스럽게 앞뒤로 움직이면서 리드를 건드리게 됩니다. 혀의 움직임에 따라 공기가 통과할 수도 있고, 막힐 수도 있습니다. 이것이 텅잉입니다. '투' 발음에 가깝게 세게 텅잉을 하면 소리가 거칠게 나갈 것이고, '두' 발음에 가깝게 부드럽게 텅잉을 하면 소리가 부드럽게 나갈 것입니다. 이런 세기에 따라 레가토 텅잉, 일반 텅잉, 하프 텅잉 등 여러 가지 연주 기법이 있습니다.

텅잉에 관한 동영상 강의입니다.
꼭 시청하시길 추천드립니다.

C key 연습 및 2옥타브 연습

제5장

1. C Key 연습

• 교재 5-1 - 나비야, 비행기 연습

나비야

독일 민요

비행기

미국 민요

2. 2옥타브 운지법

왼손 엄지로 옥타브 키를 눌러주면 됩니다.

운지는 1옥타브와 동일하고, 옥타브 키(왼손 엄지로 누름)만 추가됩니다.

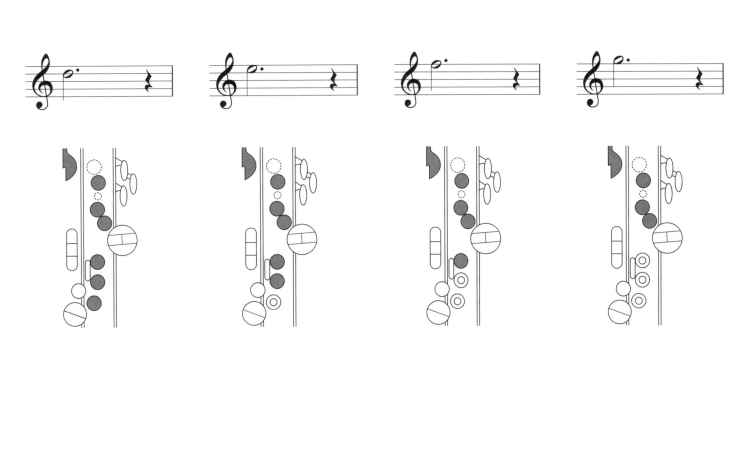

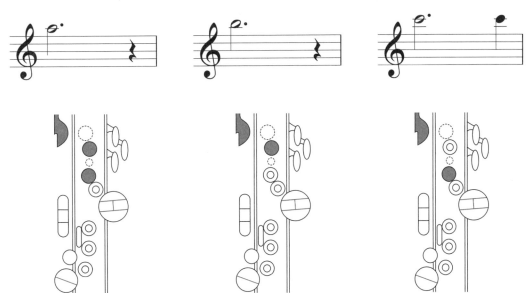

고향의 봄

홍난파 작곡

섬집 아기

이흥렬 작곡

캉캉
Can-Can

J. Offenbach 작곡

아리랑

구전 민요

에델바이스
Edelweiss

R. Rogers 작곡

스와니강
The Old Folks At Home

S. C. Foster 작곡

제6장

G key 연습

• F#(G♭) 운지 연습

악보에 '파'가 나오면 '파'가 아닌 '파 샵'을 눌러 연주합니다.

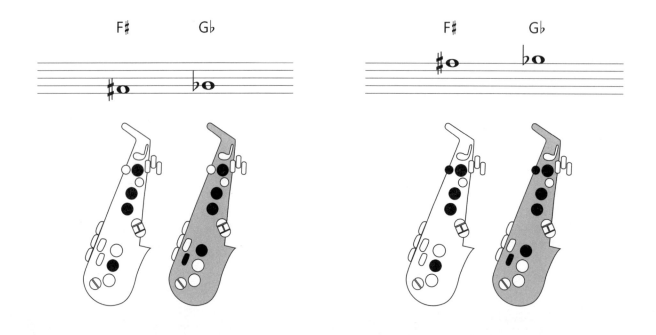

• 기본 운지 연습

Love Me Tender

G. R. Poulton 작곡

클레멘타인
Oh My Darling, Clementine

미국 민요

You Raise Me Up

아일랜드 민요

Moon River

Henry Mancini 작곡

F key 연습

제7장

· B♭ (A#) 운지 연습

악보에 '시'가 나오면 '시'가 아닌 '시 플랫'을 눌러 연주합니다.

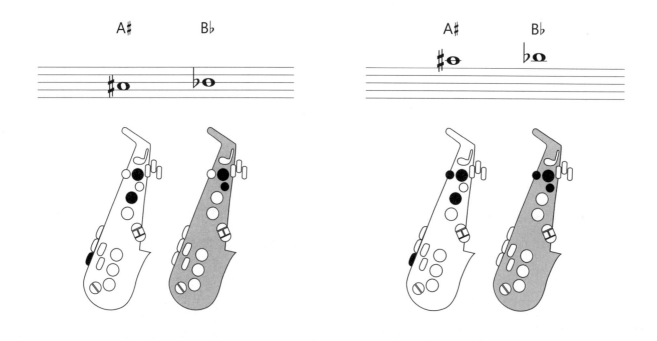

· 기본 운지 연습

28

징글벨
Jingle Bells

J. L. Pierpont 작곡

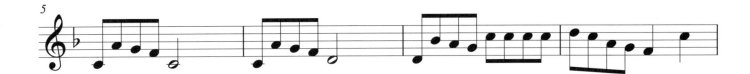

Over The Rainbow

Harold Arlen 작곡

Bye Bye Blackbird

Ray Henderson 작곡

메기의 추억
When You and I Were Young, Maggie

J. A. Butterfield 작곡

D key 연습

제8장

· C#(D♭) 운지 연습

유일하게 C#(D♭) 만 1옥타브와 2옥타브의 운지가 달라 주의하여 연주하세요.

악보에 '파', '도' 가 나올 때 '파 샾', '도 샾'을 눌러 연주합니다.

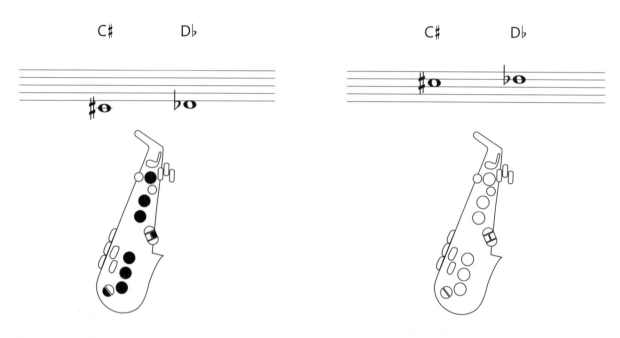

· 기본 운지 연습

설날

윤극영 작곡

Can't Help Falling In Love

G. D. Weiss 외 2명 작곡

Black Orpheus

Luiz Bonfa 작곡

언덕 위의 집
Home On The Range

Daniel E. Kelley 작곡

B♭ key 연습

제9장

· **D♯(E♭) 의 운지 연습**

악보에 '시', '미' 가 나올 때 '시 플랫', '미 플랫'을 눌러 연주합니다.

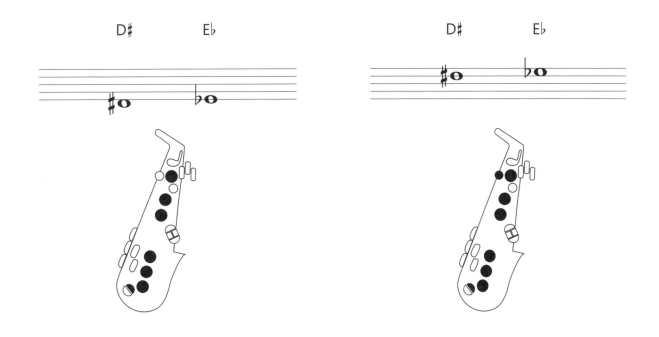

· **기본 운지 연습**

애국가

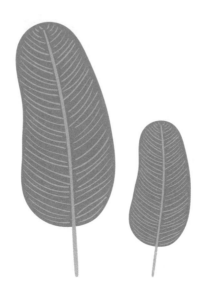

안익태 작곡

Silver Bells

Jay Livingston 작곡

오블라디 오블라다
Ob-La-Di, Ob-La-Da

Paul McCartney 작곡

연가
Pokarekare Ana

뉴질랜드 민요

A key 연습

제10장

• G♯ (A♭) 운지 연습

악보에 '파', '도', '솔'이 나올 때 '파 샵', '도 샵', '솔 샵'을 눌러 연주합니다.

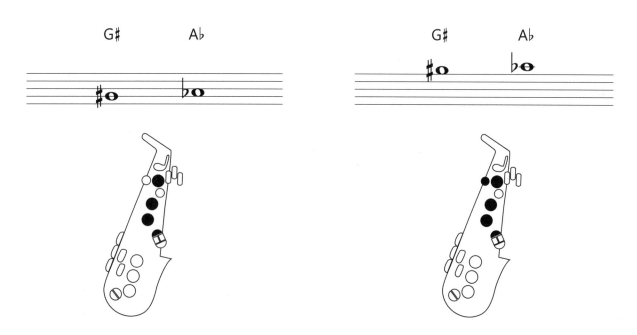

• 기본 운지 연습

Autumn Leaves

Joseph Kosma 작곡

할아버지의 낡은 시계
My Grandfather's Clock

Henry C. Work 작곡

스승의 은혜

권길상 작곡

Danny Boy

아일랜드 민요

E♭ key 연습

제11장

· G#(A♭)의 운지 연습

악보에 '시', '미', '라'가 나올 때 '시 플랫', '미 플랫', '라 플랫'을 눌러서 연주합니다.

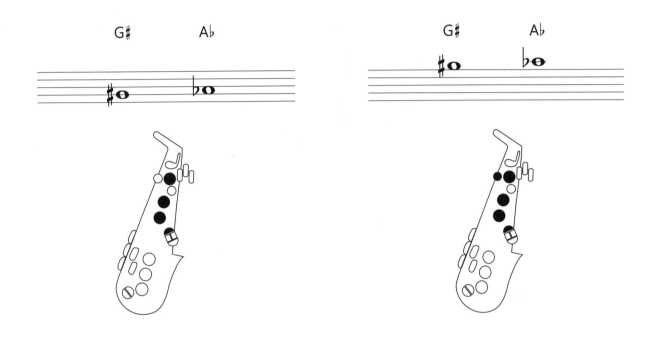

· 기본 운지 연습

환희의 송가
Ode to Joy

L. V. Beethoven 작곡

등대지기
The Golden Rule

영국 민요

즐거운 나의 집
Home, Sweet Home

H. R. Bishop 작곡

그 외 운지 및 고음역대 운지 익히기

지금까지 잘 따라오셨다면 1옥타브 도부터 3옥타브 도까지 모든 음을 연주할 수 있을 것입니다. 이번에는 그 외의 음들을 공부해 보도록 합시다.

1옥타브 밑으로 '시', '시 플랫' 음을 연주할 수 있습니다.

'도' 운지를 잡은 상태에서 왼손 새끼손가락의 위치에 따라 '시' 또는 '시 플랫' 음을 연주할 수 있습니다.

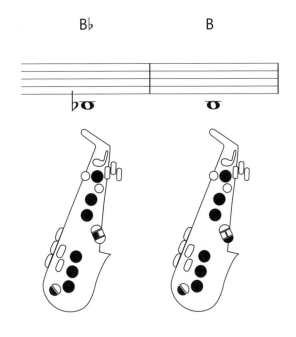

또한 3옥타브 '도' 위로는 '파 샾'까지 연주 가능합니다.

물론 추후 실력이 더 향상되면 4옥타브 '레'까지 연주할 수 있는데, 그 부분은 다음에 다루도록 하겠습니다.

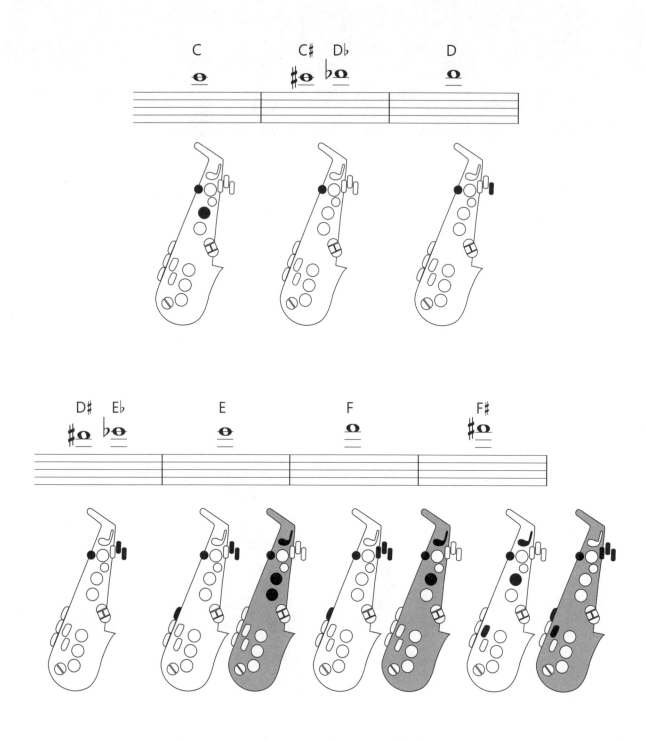

운지를 숙지하는 것이 쉽지 않으니 반복을 통하여 익숙해지도록 합니다.

'미', '파', '파 샾'은 두 가지 운지가 있는데, 처음 것부터 익히고, 두 번째 운지를 익히도록
합니다. 두 가지 방법 모두 같은 음이 나긴 하나, 운지에 따라 느껴지는 울림이 다르고, 추
후 빠른 프레이즈 연주를 위해서는 두 번째 운지(프런트 키로 잡는 방법)를 잘 익히는 것이
유리합니다.

· 고음 운지 연습

크로매틱(Chromatic) 스케일

모든 음을 포함한 스케일을 의미합니다. 온음이 아닌 반음씩 상행, 하행을 연습하도록 합니다. 기본 연습이지만 꼭 필요한 연습입니다. 꾸밈음 연주 시 반음 밑에서 또는 반음 위에서 멜로디를 꾸며주는 경우가 많은데 크로매틱 스케일을 평소에 연습해두면 꾸밈음 표현이 아주 부드럽게 됩니다. 그렇지 않은 경우 꾸밈음 표현이 딱딱하게 되어 좋은 연주를 하기가 어렵습니다. 그렇기 때문에 평소에 크로매틱 스케일을 연습해두는 것은 좋은 연주자가 되기 위한 필수 과정입니다.

연습 꿀팁

빠르게 연습하기보다는 정확하게 연습하는 것이 훨씬 중요합니다!

54

· 색소폰 운지법 다시 한번 총정리

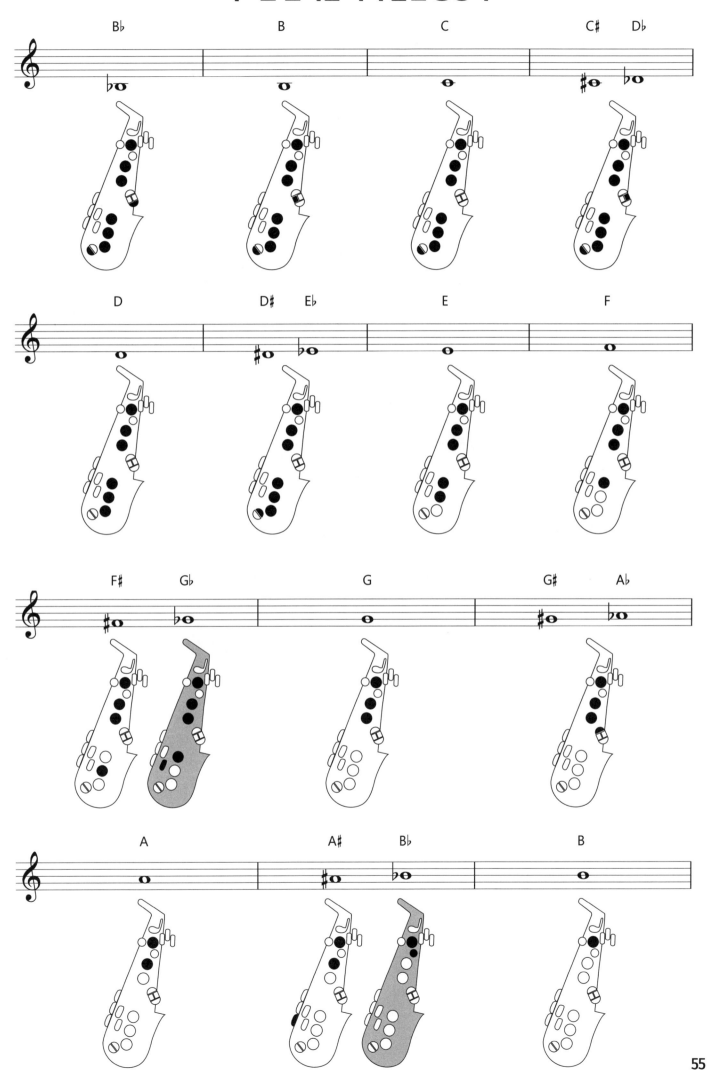

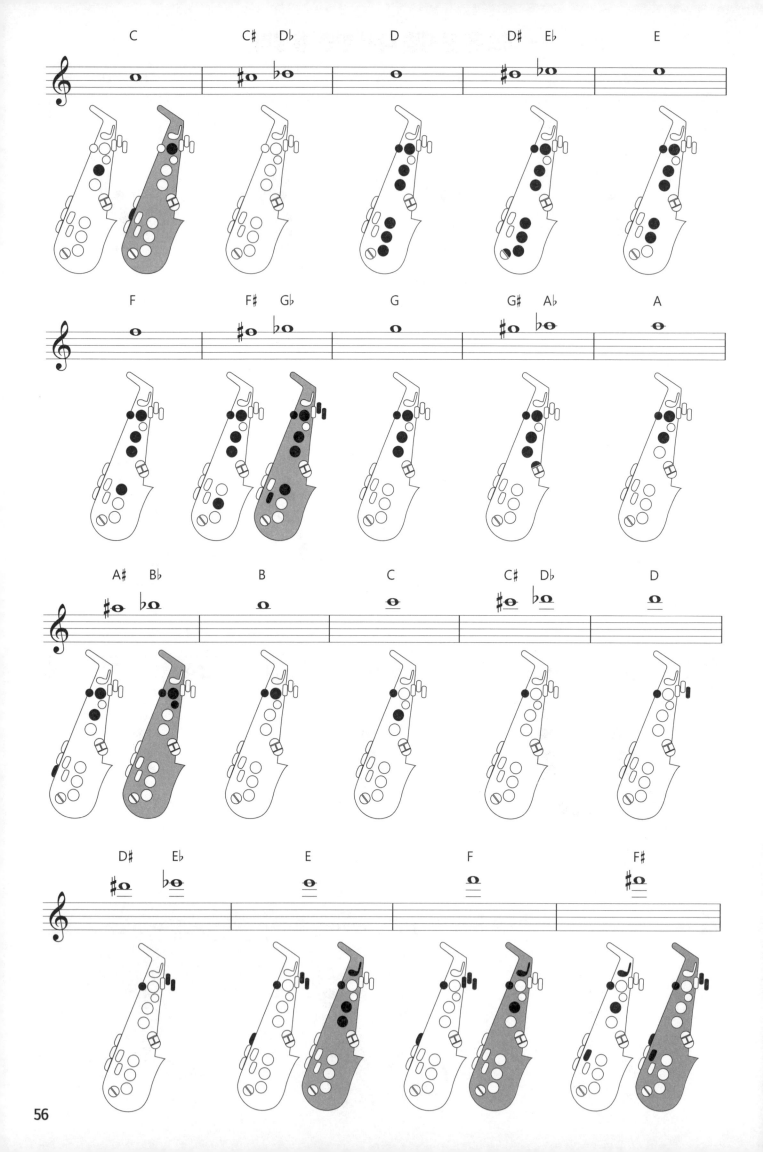

12 메이저 스케일 배우기

제14장

전공자들은 가장 먼저 연습하는 것이나, 아마추어 분들에게는 특별히 권하지 않습니다. 그러나 연습을 해두면 분명히 큰 도움이 될 거라 백 프로 장담합니다. 악보와 연습 방법을 참고하여 자유롭게 연습해 보세요.

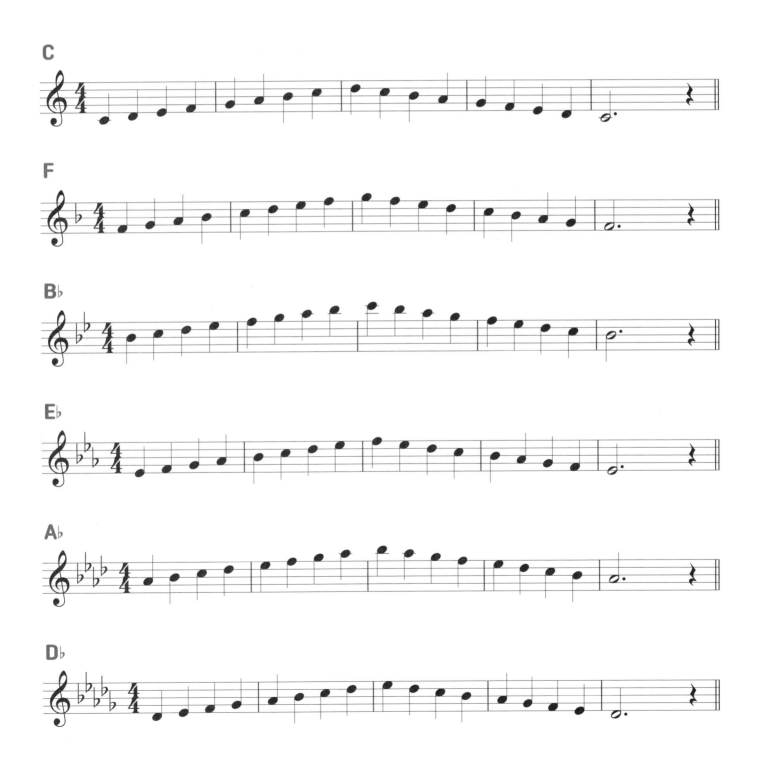

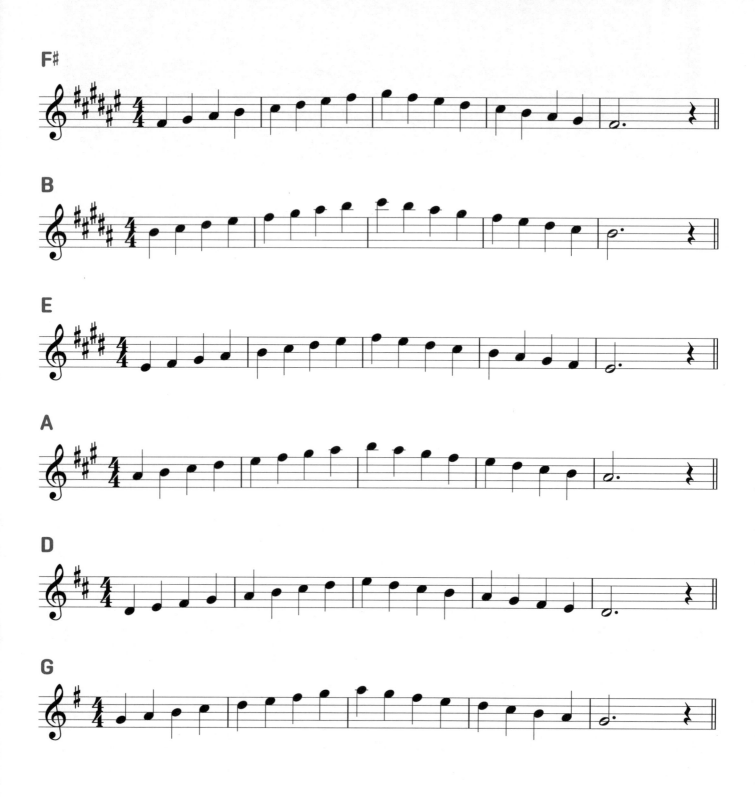

12 key
메이저 스케일 연습하기

다양한 방법이 있으나 본 교재에서는 3가지 연습 패턴만 소개합니다. 곡 연습 전 손가락
풀기에 좋은 연습이니 꼭 참고하여 연습해 보세요.

C Major Scale Exercise

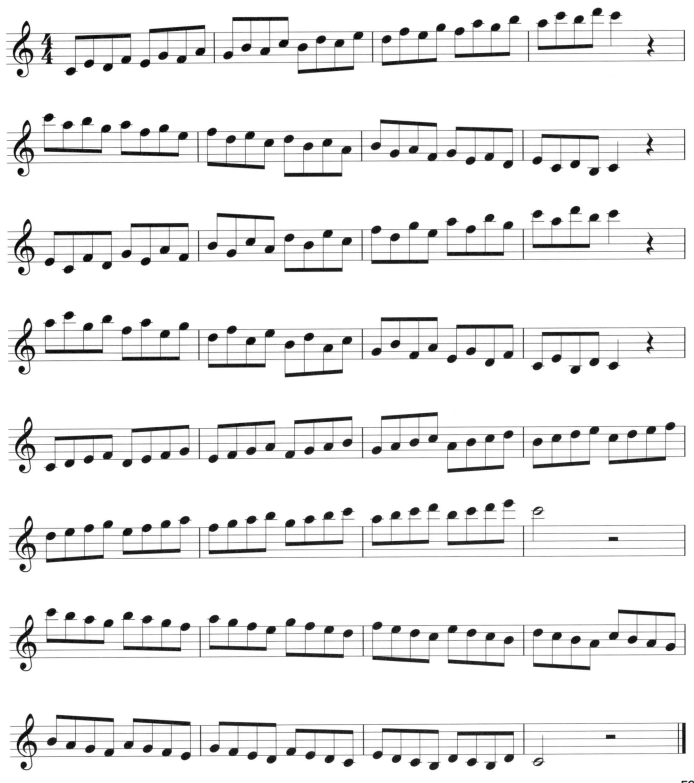

F Major Scale Exercise

B♭ Major Scale Exercise

E♭ Major Scale Exercise

A♭ Major Scale Exercise

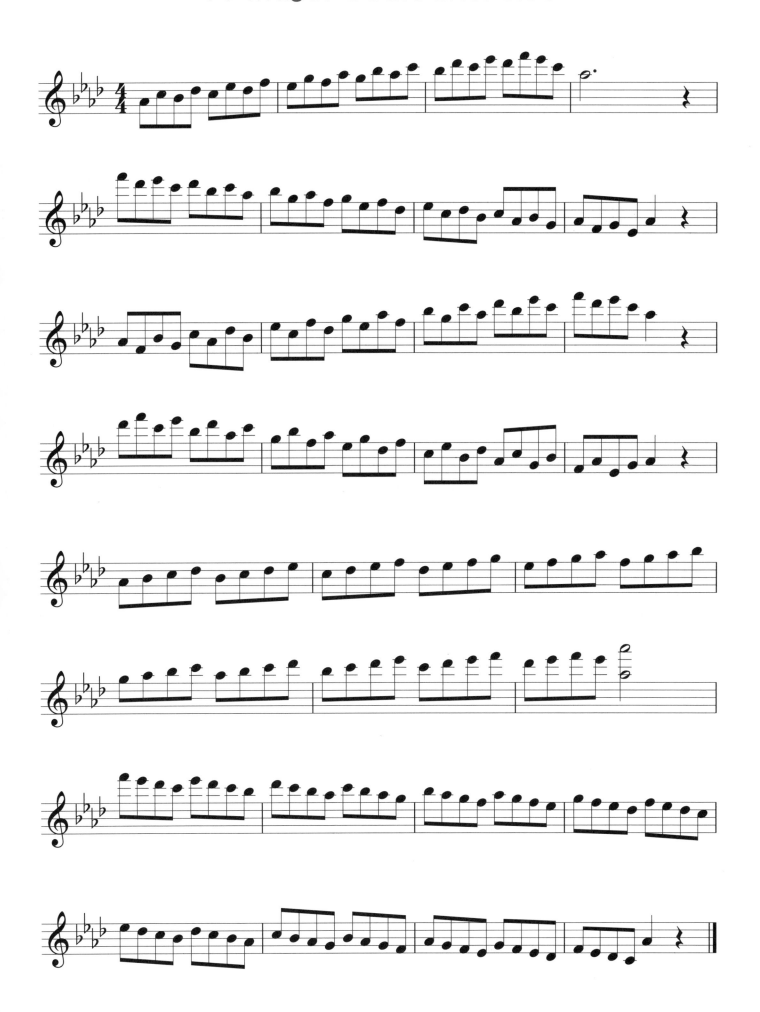

C#Db Major Scale Exercise

F# Major Scale Exercise

B Major Scale Exercise

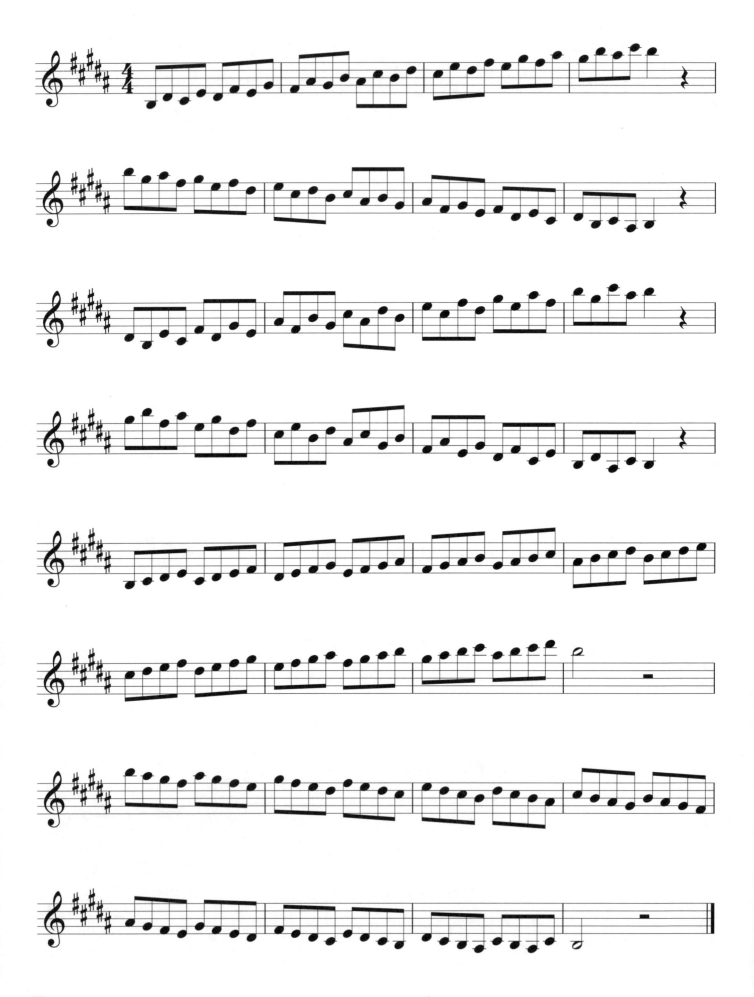

E Major Scale Exercise

A Major Scale Exercise

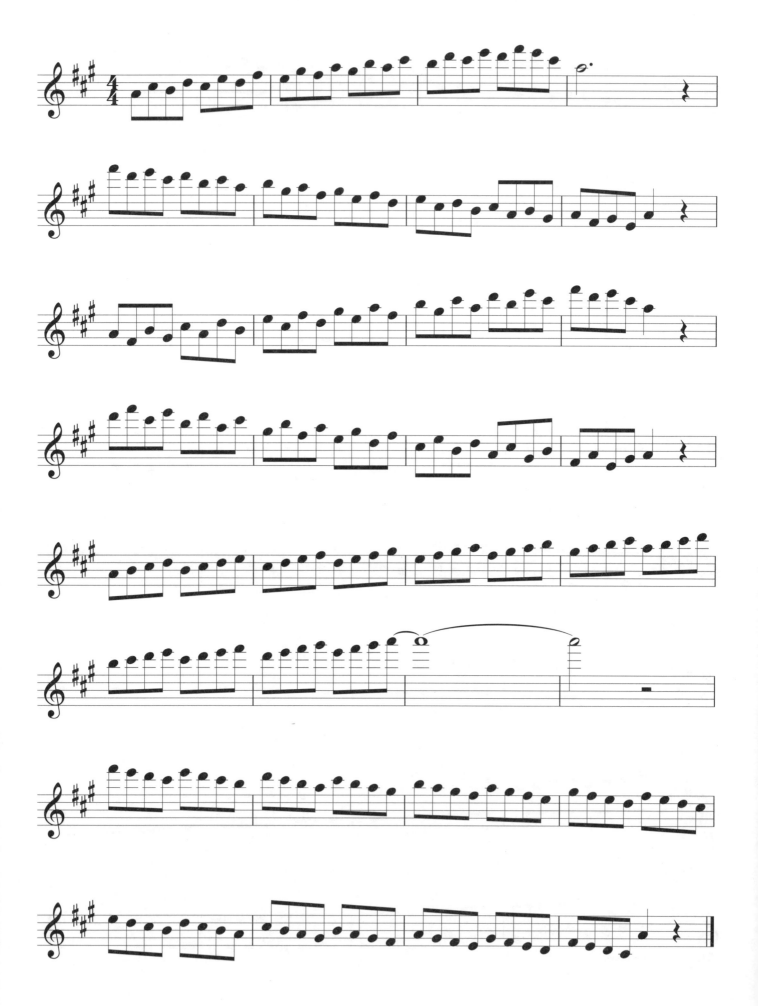

D Major Scale Exercise

G Major Scale Exercise

펜타토닉(Pentatonic) 스케일 연습하기

메이저 스케일에서 파(4음)와 시(7음)을 뺀 도레미솔라로 구성된 5음계 스케일로 활용가치는 그 어느 스케일보다 높다고 생각합니다. 잘 연습해 둔다면 가요, 팝, 블루스 등 다양한 장르의 음악에서 멋진 솔로를 연주할 수 있을 것입니다. 가장 기본 연습 패턴만 소개합니다.

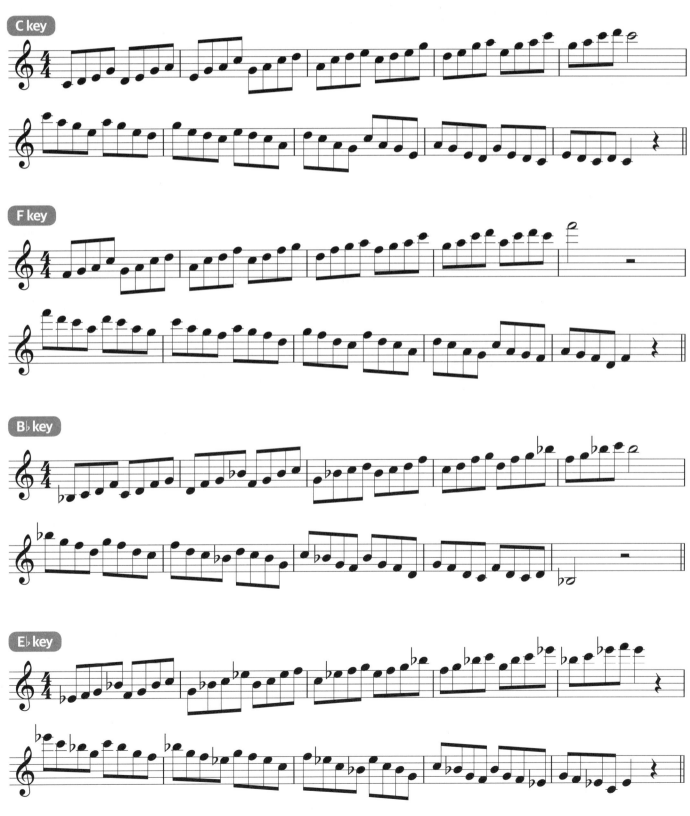

71

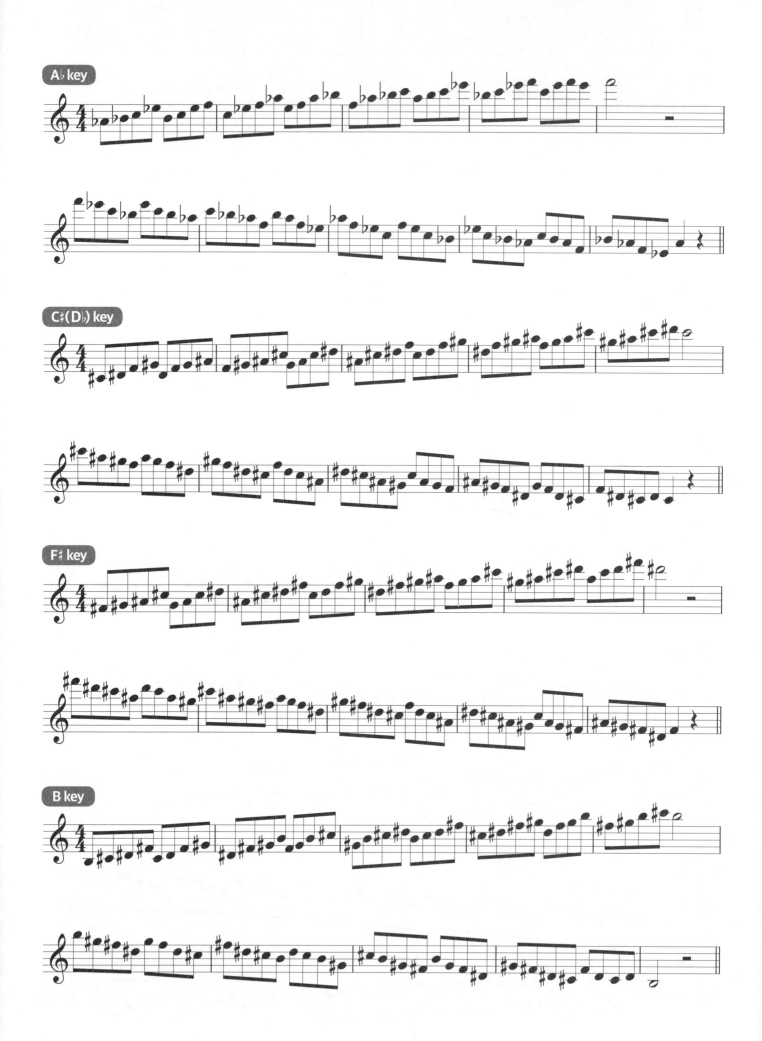

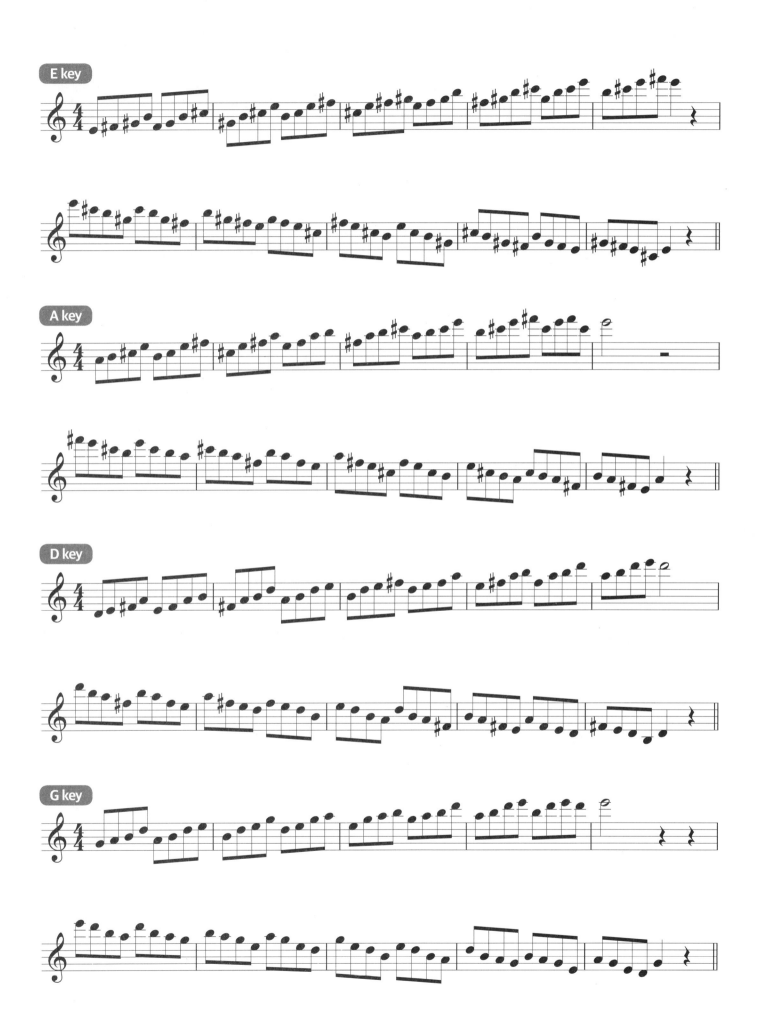

아티큘레이션(Articulation) 연습

지금까지 잘 따라오셨으면 어느 정도 색소폰 연주를 하실 수 있을 것입니다. 이 교재뿐 아니라, 반주기와 다른 여러 가지 자료들을 통하여 연습하셨을 거라 생각됩니다. 지금부터 설명드리는 부분은 초급에서 중급으로 올라가는 과정이라고 생각하시면 됩니다.

처음 색소폰을 잡고 연주를 시작할 때에는 악보 보고 불기에 급급했을 것이고, 실력이 늘어서 악보를 보고 반주에 맞춰 어느 정도 괜찮게 큰 실수 없이 연주를 하게 되면, 그 다음에는 자신보다 연주를 잘하는 사람들의 영상이나 연주를 보고 듣게 됩니다. 그런 경우에 한번쯤은 나랑 저 사람이랑 같은 곡을 연주하는데 '왜 내 연주랑 저 분의 연주는 다르지?' 라는 의문이 들 때가 옵니다. 그건 아주 좋은 현상입니다. 음악을 듣는 귀가 그만큼 향상되었다는 증거이고, 그 다음 레벨로 올라가기 위한 준비가 됐다는 뜻입니다. 즉 중급 과정으로 들어갈 자격을 갖추었다고 보시면 됩니다.

그럼 본격적으로 시작하겠습니다. 지금부터는 악기를 그냥 부는 데서 끝나는 것이 아니라, 악기에 감정을 이입시키는 것에 초점을 두어야 합니다. 가수가 노래를 할 때 감정 표현을 하는 것과 똑같은 과정입니다. 슬픈 노래는 슬프게, 신나는 노래는 신나게 감정을 실어 넣는 작업을 할 것입니다. 그래야 연주에 감동이 배가 됩니다. 그런 감정 표현을 하기 위해서 해야 할 것이 바로 아티큘레이션 연습입니다. 아티큘레이션의 사전적 정의는 연속되고 있는 선율을 보다 작은 단위로 구분하여 각각의 단위에 어떤 형과 의미를 부여하는 연주 기법입니다. 쉽게 말해서 악보에 있는 음을 그냥 부는 것이 아니라 짧게 길게, 약하게 세게 등등 각각 음들을 표현하는 것을 의미합니다. 그렇게 연주함으로 인해 연주에 입체감을 더해주는 것입니다. 영화에 비유하자면 그냥 연주하는 것을 2D영화(일반 TV, 일반 극장)를 보는 것 이라고 한다면, 아티큘레이션을 잘 표현하여 연주하는 것은 3D, 4D 영화를 보는 것이라고 생각하면 이해가 쉬우실 겁니다. 같은 악보라도 어떻게 표현하여 연주하느냐에 따라 관객이 받아들이는 감동은 하늘과 땅 차이가 될 것입니다.

• 색소폰 연주 시 좋은 표현을 하기 위해 다음과 같이 크게 5가지 연습을 추천합니다.

1. 볼륨 컨트롤 연습

곡을 표현하는 여러 가지 기법 중에 저자가 가장 중요하다고 생각하는 부분입니다. 그래서 1번으로 넣었습니다. 다른 아티큘레이션 표현 없이 볼륨 조절만 잘해도 관객에게 충분히 나의 감정을 잘 표현할 수 있습니다. 연습 방법은 한 음을 아주 작게 시작해서 제일 큰소리가 나게 호흡을 밀어 불고, 다시 작게 마무리하는 연습을 합니다. 크레센도로 음이 커졌다가 데크레센도가 되면서 끝나게 합니다. 음정에 변화가 없도록 주의하고, 볼륨이 부드럽게 커지고 작아질 수 있도록 연습합니다. 이 연습을 통하여 어떤 음을 불던지, 어떤 박자를 불던지 볼륨을 내가 컨트롤 할 수 있도록 합니다. 악기 연습이란 이 악기를 내 몸의 일부인 것처럼 내 맘대로 컨트롤할 수 있도록 하는 과정입니다. 볼륨 조절 연습을 통해 악기의 볼륨을 내가 의도하는 대로 컨트롤할 수 있도록 해보세요.

2. 밴딩(Bending) 연습

색소폰 연주 시 정말 중요하며 많이 사용하는 기법 중 하나입니다. 입술에 힘을 빼는 것이 제일 중요합니다. 입술을 조금 풀어 릴렉스한 상태에서 음을 불기 시작하여 원래 음정이 될 때까지 조여줍니다. 악보에는 보통 아래 그림과 같이 표기합니다. 악보를 그리는 사람마다 방식이 약간 다를 수 있습니다.

 밴딩에는 두 가지 방법이 있습니다. 첫 번째는 키밴딩입니다. 반음 밑에 음을 먼저 불고 원래 멜로디로 가는 방법으로 옆 그림에서 운지는 '도'이므로 '시'를 먼저 불면서 부드럽게 '도'로 가는 밴딩 방법이 있고, 두 번째는 입술 밴딩으로 입술을 풀었다가 조이며 하는 밴딩 방법입니다(위에서 설명). 두 가지 모두 유용하게 많이 사용되는 기법이니 충분한 연습을 하시길 권장합니다.

3. 드롭(Drop) 연습

밴딩과 반대의 작용이라고 보면 됩니다. 입술을 원래 불던 정도로 물고 있다가 입술에 힘을 빼면서 음정을 떨어뜨립니다.

 악보에는 보통 그림과 같이 표기합니다. '솔' 음을 먼저 불고, 입술을 풀면서 음정을 떨어뜨리고, 자연스럽게 '도' 음으로 이어지게 연주하라는 뜻입니다. 밴딩과 마찬가지로 많이 사용되는 연주 기법이므로, 충분한 연습을 통해 꼭 부드럽게 표현할 수 있기를 바랍니다.

4. 비브라토(Vibrato) 연습

입술로 하는 비브라토와 호흡으로 하는 비브라토가 있는데 입술로 하는 비브라토를 더 권장합니다. 입술을 조였다 풀었다 하면서 비브라토 주법을 연습합니다. 조이는 정도와 푸는 정도의 속도와 깊이에 따라 다양한 비브라토 주법이 가능합니다. 많은 아마추어 연주자들이 가장 하고 싶어 하는 테크닉 중 하나가 바로 비브라토 주법입니다. 입술에 힘이 빠져있어야 하는 것이 관건입니다. 그래야 아랫입술이 움직이면서 비브라토 주법을 할 수 있습니다. 아랫입술을 움직이는 깊이와 속도에 따라 다양한 표현을 할 수 있습니다.

5. 꾸밈음 연습

특정 음을 불기 전 반음 밑에서 또는 반음 위에서 꾸며주는 기법을 말합니다. 정말 많이 사용하는 기법 중 하나이며, 평소에 크로매틱 스케일(반음스케일) 연습을 해놓는다면, 아주 쉽고 부드럽게 꾸밈음 기법을 연주할 수 있을 것입니다

 악보에는 보통 그림과 같이 표기합니다.

앞의 5가지 기법을 어떻게 표현하느냐에 따라 연주의 퀄리티가 많이 달라질 것입니다.

저 역시 연주 시 가장 중요하게 생각하는 부분이 바로 이 아티큘레이션입니다.

이 음악을 어떻게 표현하느냐가 바로 연주의 관건이고, 이런 표현이 연주에 잘 스며들어 있어야 관객들에게 감동을 줄 수 있습니다. 아티큘레이션은 하루아침에 만족할 만큼 절대 쉽게 되지 않습니다. 시간을 충분히 가지고, 여러 곡에서 다양하게 연습을 해야 멋지게 사용할 수 있습니다. 프로 연주자들의 연주 속에 있는 아티큘레이션을 따라 하는 것이 가장 효과적인 방법입니다.

플래절렛(Flageolet) 연주법

제18장

색소폰을 어느 정도 부셨다면 아마 가장 관심 있어 하는 부분이 아닐까 싶습니다. 저 역시 처음에 이 플래절렛 소리가 나지 않아 무척이나 고생했었고, 결국에는 방법과 요령을 터득하긴 했으나 그 방법을 알기까지 참 힘들었던 기억이 납니다.

지금부터 제가 터득한 꿀팁을 공개합니다. 많은 아마추어 분들이 플래절렛 소리를 어려워하는 이유는 요령을 알지 못해서입니다. 그리고 소리가 나지 않으니 더 세게만 불려고 해서 그렇습니다. 그렇게 점점 더 세게 피스를 물고 힘을 주면 플래절렛 소리는 나지 않습니다. 그 반대의 상황으로 접근해야 합니다. 역시나 입술에 힘을 빼는 것이 관건입니다. 그리고 피스에 많은 양의 바람이 들어가게 하는 것 또한 관건입니다.

스트랩을 평소에 매는 것보다 좀 더 짧게 매서 피스를 평소보다 좀 많이 물어보세요. 악기를 몸쪽으로 바짝 당기고, 턱은 위로 들어서 아랫입술이 피스를 많이 물게, 리드가 떨릴 수 있는 공간이 많게 해보세요. 처음에는 이 자세를 유지하고 플래절렛 음들을 연주해 보면 보다 쉽게 소리가 날 것입니다. 플래절렛 운지는 음 하나당 여러 가지 방법이 있습니다. 운지마다 약간의 음정의 차이가 있을 수 있으므로 내 악기에 어떤 운지가 가장 음정이 정확한지 체크해 보고, 또 나의 핑거링이 어떤 운지가 제일 편하고 좋은지 체크해서 가장 좋은 운지로 잡으면 됩니다.

〈플래절렛(가포지션) 운지표〉

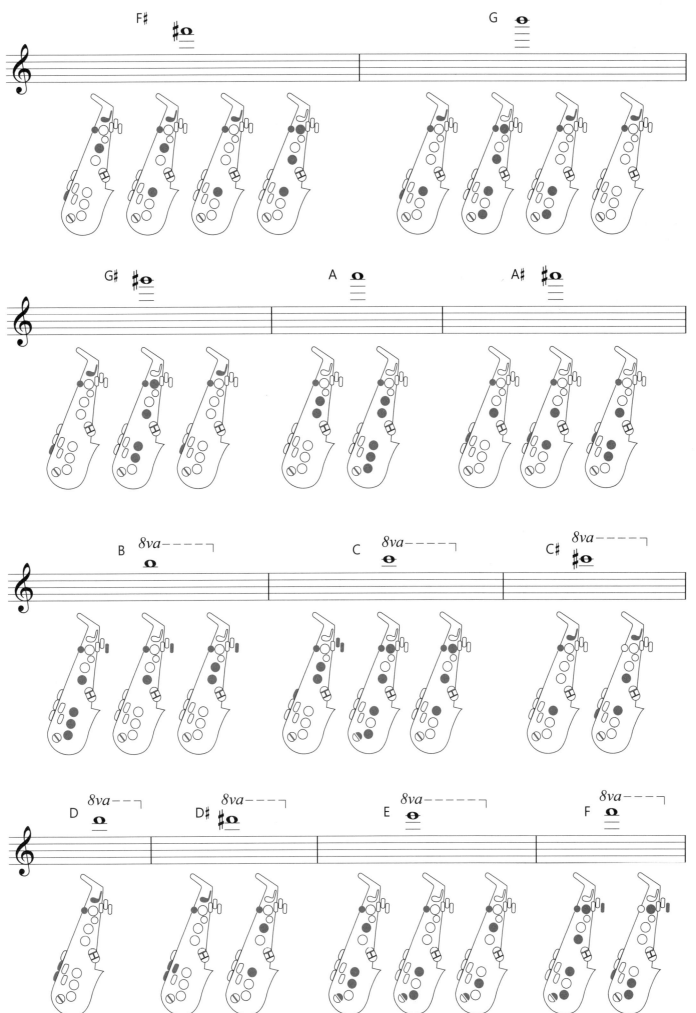

연주곡

제19장

모범 연주 음원

당신은 모르실거야

김옥윤 작곡
arr. by LuKas

모범 연주 음원

허공

알토 색소폰

정풍송 작곡

arr. by LuKas

아로하

위종수 작곡
arr. by LuKas

사랑은 늘 도망가

홍진영 작곡

arr. by LuKas

내 주를 가까이
Nearer, My God, to Thee

L. Mason 작곡

arr. by LuKas

사랑아

개미 작곡

arr. by LuKas

이등병의 편지

김현성 작곡

arr. by LuKas

천년의 사랑

유해준 작곡

arr. by LuKas

천상재회

김정욱 작곡

arr. by LuKas

화장을 고치고

임기훈, 최준영 작곡

arr. by LuKas

그 남자 그 여자

류재현 작곡

arr. by LuKas

귀로

예민 작곡

arr. by LuKas

이젠 그랬으면 좋겠네

조용필 작곡

arr. by LuKas

쭈께 가까이
Draw Me Closer to the Lord

Adhemer de Campos 작곡

arr. by LuKas

밤양갱

장기하 작곡

arr. by LuKas

넬라 판타지아
Nella Fantasia

Ennio Morricone 작곡

arr. by LuKas

은혜

손경민 작곡

arr. by LuKas

석별의 정
Auld Lang Syne

스코틀랜드 민요

arr. by LuKas

인연

모범 연주 영상

이선희 작곡

arr. by LuKas

하나님의 은혜

신상우 작곡

arr. by LuKas

122

사랑, 참

임강현 작곡

arr. by LuKas

고맙소

알고보니혼수상태 작곡

arr. by LuKas

위로
Comfort

LuKas 작곡

arr. by LuKas

이제 나만 믿어요

조영수 작곡

arr. by LuKas

첫눈처럼 너에게 가겠다

로코, 코난 작곡

arr. by LuKas

Dynamite

David Stewart 외 1명 작곡

arr. by LuKas

135

주 하나님 지으신 모든 세계
How Great Thou Art

스웨덴 민요

arr. by LuKas

138

나 같은 죄인 살리신
Amazing Grace

John Newton 작곡

arr. by LuKas

루카스(이인성)

학력
동덕 공연예술 대학원 실용음악과 석사
전 서울실용음악고등학교 브라스 학과장 역임
전 여러 대학교 실용음악과 출강

가수 세션 및 방송
현 가수 박상민, 민해경 밴드 마스터
전 가수 김범수, 박정현, 조장혁, 케이윌, 김조한, 서인국, 황치열, 김동률, YB, 알리, 손호영, 김태우, 신효범, 혜은이, 안재욱, 빅뱅, CN blue, 울랄라세션, 씨스타, 이찬원, 장민호, 심수봉 등 여러 가수의 콘서트 및 방송 세션 연주자로 활동
전 MBC 개그 프로그램 <개그야> 하우스 밴드
전 Mnet <윤도현의 Must> 하우스 밴드
전 가수 심수봉 밴드 마스터, 30주년 전국투어 및 미주 투어 콘서트 멤버
<나는 가수다>, <불후의 명곡>, <열린음악회>, <콘서트 7080>, <보이스퀸>, <보이스트롯>, <스케치북> 등 여러 음악 방송 출연

각종 경력
2024 청양 신년음악회 메인 아티스트로 참여
2023 영천 시민과 함께하는 송년음악회 메인 아티스트로 참여
2019 미국 뉴저지 다문화 축제 <추석대잔치>메인 게스트로 참여
2019 일본 도쿠시마 지역 <K-pop Festival> 아티스트로 참여
2019 일본 고베 <Korean song contest> 심사위원 및 축하 연주 게스트로 참여
2018 미국 애틀란타 <Red Clay Theater>에서 루카스 개인 콘서트 3번 개최
2017 제1회 한중 국제영화제 초청 공연
2016 중국 <나는 가수다> 방송. 가수 황치열의 편곡자 및 연주자로 참여
2015 대한민국 창조 문화예술 대상 대중가요 부문 수상
2015 청주방송 주관 <박달가요제>, <단풍가요제> 음악감독
2014 일본 활동 시작, 각종 행사 및 콘서트 등 다양한 영역에서 현재까지 활동 중

앰버서더 및 아티스트
명품 색소폰 브랜드 '야나기사와(Yanagisawa)' 색소폰 인터내셔널 아티스트
세계적인 마우스 피스 브랜드 '반도렌(Vandoren)' 인터내셔널 아티스트
'쥬피터(Jupiter)' 색소폰 엠버서더
'(주)엘프 반주기' 모델

앨범 발매
2013.01.03 1st 싱글앨범 <Someday in Autumn> 발매
2013.12.20 2nd 싱글앨범 <Insung is LuKas> 발매
2015.03.13 1st 정규앨범 <LuKas's Diary> 발매
2015.12.04 1st CCM 앨범 <The Blessing> 발매
2018.08.06 1st 태교& 자장가 앨범 <잘자라 내아가> 발매
2019.03.08 3nd 싱글앨범 <위로> 발매
2019.12.05 4th 싱글앨범 <12월의 기적> 발매
2021.03.13 5th 싱글앨범 <비행기> 발매
2021.06.24 2nd 태교& 자장가 앨범 <엄마별> 발매
2022.02.25 6th 싱글앨범 <Blow> 발매
2023.03.10 7th 싱글앨범 <내님아> 발매
2023.04.11 8th 싱글앨범 <설레는 봄> 발매
2023.07.07 3nd 태교 & 자장가 앨범 <복의 근원 강림 하사> 발매
2024.04.28 2nd CCM 앨범 <완전하신 나의 주> 발매

루카스와 함께하는
색소폰
교실

발행일 2024년 12월 30일

저자 루카스(이인성)
발행인 최우진
편집 왕세은
디자인 김세린

발행처 그래서음악(somusic)
출판등록 2020년 6월 11일 제 2020-000060호
주소 경기도 성남시 분당구 정자일로 177
이메일 book@somusic.co.kr

ISBN 979-11-93978-58-0(13670)